18 avril 1912

COLLECTION DE MONSIEUR X.

ÉTOFFES

DES

XVIe, XVIIe ET XVIIIe SIÈCLES

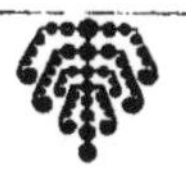

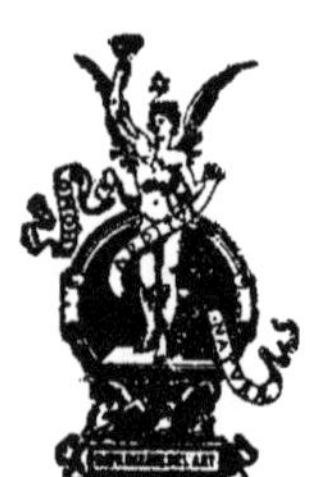

CATALOGUE

DES

ÉTOFFES

DES

XVIe, XVIIe ET XVIIIe SIÈCLES

ET AUTRES

VELOURS

BROCARTS — SOIES — SATINS

Dentelles métalliques, Franges, Galons, Glands

Composant la Collection de M. X.

ET DONT LA VENTE AURA LIEU A PARIS

HOTEL DROUOT, Salle N° 6

LES JEUDI 18, VENDREDI 19 ET SAMEDI 20 AVRIL 1912

à deux heures

COMMISSAIRE-PRISEUR
Me HENRI BAUDOIN
Successeur de M. PAUL CHEVALLIER
10, rue de la Grange-Batelière

EXPERTS
MM. MANNHEIM
7, rue Saint-Georges
PARIS

EXPOSITION PUBLIQUE

Le Mercredi 17 Avril 1912, de 1 h. 1/2 à 6 heures

CONDITIONS DE LA VENTE

Elle sera faite *au comptant.*

Les adjudicataires paieront *dix pour cent* en sus des enchères.

ORDRE DES VACATIONS

Le Jeudi 18 Avril 1912

Velours.	1	à	85
Étoffes variées (Partie des).	86	à	119

Le Vendredi 19 Avril 1912

Étoffes variées (Suite des).	120	à	239

Le Samedi 20 Avril 1912

Étoffes variées (Fin des).	240	à	314
Dentelles métalliques, Galons, Franges. . .	315	à	360

Paris. — Imp. de l'Art, Ch. Berger, 41, rue de la Victoire.

DÉSIGNATION

VELOURS

1 — Fragment de velours ciselé rouge et jaune, bouclé d'argent doré. Italie, xvie siècle.

2 — Petit carré de velours rouge ciselé. Venise, xvie siècle.

3 — Mors de chape en velours rouge et broderie d'argent doré, au monogramme de la Vierge. Italie, xvie siècle.

4 — Partie de chasuble en velours vert frappé, à dessin de grenades. Italie, xvie siècle.

5 — Petite bande en velours rouge avec applications de broderie d'argent doré, à rinceaux et fleurons. xvie siècle.

6 — Deux mors de chape en velours rouge et broderie d'argent doré, au monogramme du Christ. xvie siècle.

7 — Petit panneau en velours vert ciselé à motifs réguliers, sur fond rose. Italie, xvie siècle.

8 — Panneau en velours vert ciselé à petits ramages. XVIe siècle.

9 — Chaperon en velours rouge avec applications de broderie de soie et d'argent doré, présentant une figure de Saint Pierre. XVIe siècle.

10 — Bande en velours vert avec applications, à dessin de médaillons et rinceaux. XVIe siècle.

11 — Petit tapis en velours rouge brodé d'argent, à grands ramages. XVIe siècle.

12 — Chasuble en velours rouge, avec applications à dessin de rinceaux. XVIe siècle.

13 — Carré en velours rouge, avec applications de broderie d'argent doré, d'argent et de soie de couleurs. Au centre, buste de saint Pierre ; alentour, des chimères et des rinceaux. Italie, XVIe siècle.

14 — Deux bandes de velours ciselé à petits ramages verts sur fond jaune. Italie, XVIe siècle.

15 — Chasuble en velours vert avec orfrois en broderie d'argent doré, d'argent et de soie de couleurs, à sujet de saints, debout sous des arcades. Italie, XVIe siècle.

16 — Tapis de lutrin en velours rouge, orné, à chaque extrémité, d'un carré de velours rouge avec applications de broderie d'argent et d'argent doré, au monogramme du Christ, de travail italien du XVIe siècle.

17 — Chape en velours ciselé à petits ramages verts sur fond vieux rose. Italie, XVIe siècle.

18 — Chasuble en velours rouge avec orfrois de velours vert, à dessin de rinceaux et fleurs en applications de broderie de soie de couleurs et d'argent doré. XVIe siècle.

19 — Chasuble en velours rouge et brocatelle, à ramages jaunes lamés d'argent doré, sur fond rouge. XVIe siècle.

20 — Quatre bandes de velours rouge avec applications à dessin de grands rinceaux fleuris. Italie, XVIe siècle.

21 — Dalmatique en velours rouge avec carré de velours vert, à dessin de vases de fleurs et rinceaux en applications d'argent doré. Italie. XVIe siècle.

22 — Chasuble en velours rouge frappé à grenades. Espagne, XVIe siècle.

23 — Dalmatique en velours rouge avec carré de velours bleu et applications de broderie de soie de couleurs et d'argent doré, à sujets saints et rinceaux. Espagne, XVIe siècle.

24 — Dalmatique en deux parties en velours rouge ornée de deux carrés en satin rouge, broderie de soie et d'argent doré à décor de symboles religieux. Espagne, XVIe siècle.

25 — Chasuble en velours vert ciselé à motifs symétriques sur fond jaune. XVIe siècle.

26 — Chasuble en velours rouge, ornée de médaillons en broderie de soie et d'argent doré, à figures de saints. Espagne, XVIe siècle.

27 — Devant d'autel en velours rouge uni, avec galons d'argent doré. XVIe siècle.

28 — Chasuble en velours rouge avec orfrois de broderie de soie, d'argent et d'argent doré, à sujet de saints personnages, debout sous des arcades. Italie, XVIe siècle.

29 — Chasuble en velours du XVIe siècle, à ramages verts sur fond vieux rose, avec bande de soie brochée à fleurs sur fond blanc.

30 — Petit tapis en velours ciselé à petits ramages verts sur fond vieux rose. Italie, XVIe siècle.

31 — Trois bandes en velours rouge bordées de galons de cuivre doré, l'une d'elles avec écusson d'armoiries. Italie, XVIe siècle.

32 — Deux petites bandes en velours rouge avec applications de broderie d'argent à rinceaux et fleurons. XVIe siècle.

33 — Deux mors de chape et deux petites bandes en velours rouge avec applications et broderie à dessin de vases de fleurs. Italie, XVIe siècle.

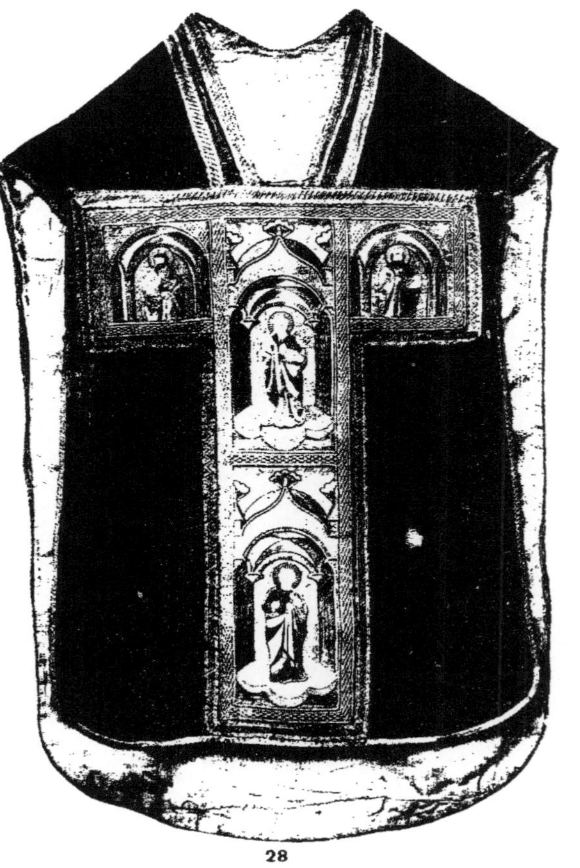

28

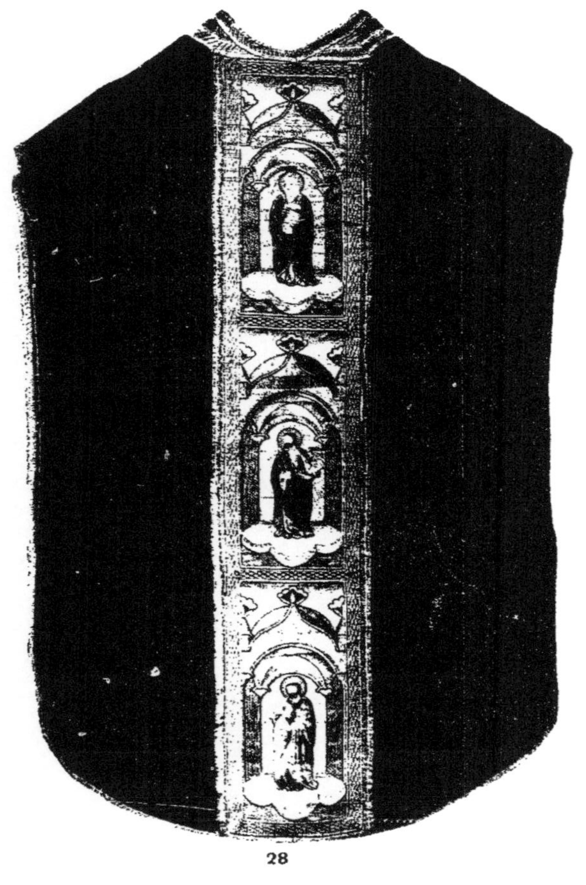

28

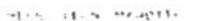

34 — Chasuble en velours vert avec orfrois de velours rouge et applications à dessin de vases de fleurs et inscriptions, avec la date : *1592*. Espagne, fin du XVIe siècle.

35 — Deux carrés en velours rouge avec applications à dessin de double écusson d'alliance, au milieu de rinceaux. Commencement du XVIIe siècle.

36 — Petit tapis en velours ciselé polychrome à grands ramages, avec bordure de dentelle d'argent doré. XVIIe siècle.

37 — Collerette en velours vert, du XVIIe siècle.

38 — Grand sac en velours vert uni. XVIIe siècle.

39 — Reliure, composée d'un panneau de velours violet ciselé sur fond jaune et d'un panneau de brocatelle jaune, orné d'un écusson d'armoiries. XVIIe siècle.

40 — Petit tapis en velours rouge avec applications de fleurs lamées d'argent, bordure d'effilés d'argent doré. XVIIe siècle.

41 — Deux bandes de velours ciselé à ramages bleus sur fond blanc lamé d'argent. XVIIe siècle.

42 — Siège et dossier de velours ciselé à grands ramages en rouge sur fond de satin jaune. XVIIe siècle.

43 — Petite bande de velours ciselé à ramages polychromes sur fond crème. XVIIe siècle.

44 — Petit tapis en velours vert frappé à entrelacs et fleurs. Bordure de dentelle de métal. XVIIe siècle.

45 — Deux fragments de velours rouge avec bordure de dentelle d'argent doré. XVIIe siècle.

46 — Petit fragment de velours rouge brodé d'argent doré à fleurs. XVIIe siècle.

47 — Bande de velours rouge avec soutaches à arabesques. XVIIe siècle.

48 — Grand fragment de velours rouge avec bordure de dentelle d'argent doré. XVIIe siècle.

49 — Deux sièges en velours rouge avec galons. XVIIe siècle.

50 — Dalmatique en velours vert ciselé, avec fleurettes rouges; galons de satin violet avec applications de satin rouge soutaché ; armoiries à chaque extrémité. XVIIe siècle.

51 — Manteau en velours vert, avec bordure de dentelle d'argent et d'argent doré, du XVIIe siècle.

52 — Devant d'autel en velours vert avec applications de dentelle d'argent et d'argent doré. XVIIe siècle.

53 — Petit panneau en velours rouge ciselé à fleurettes sur fond clair. XVIIe siècle.

54 — Chasuble en velours ciselé à grands ramages rouges sur fond jaune. XVIIe siècle.

55 — Petit panneau en velours vert avec applications de broderie de soie et d'argent, présentant un écusson d'armoiries, timbré d'une couronne fermée et supporté par deux lions. XVIIe siècle.

56 — Tapis en velours ciselé à grands ramages bleus sur fond jaune clair, avec bordure de frange à grille. XVIIe siècle.

57 — Chape en velours vert avec chaperon et bordure en broderie d'argent et d'argent doré à fleurs, appliquée sur fond de velours vert. XVIIe siècle.

58 — Chasuble en velours rouge et velours ciselé polychrome à fleurs sur fond blanc. XVIIe siècle.

59 — Manteau de velours rouge, décoré de rinceaux en applications, du XVIIe siècle, d'argent doré et d'argent, avec galons de cuivre doré à la bordure.

60 — Bande en velours rouge avec applications à grosses fleurs. XVIIe siècle.

61 — Chaperon de chape en velours rouge avec applications de broderie de soie de couleurs, présentant un écusson d'armoiries. XVIIe siècle.

62 — Devant d'autel en velours polychrome ciselé à grosses fleurs, sur fond blanc. Époque Louis XIV.

63 — Devant d'autel en velours polychrome ciselé à grands ramages de fleurs et imbrications sur fond crème. Époque Louis XIV.

64 — Tapis en velours polychrome ciselé à grands ramages sur fond crème. Époque Louis XIV.

65 — Tapis en velours polychrome ciselé à grands ramages sur fond crème. Époque Louis XIV.

66 — Petit manteau de Vierge en velours vert uni. XVIIIe siècle.

67 — Panneau en velours rouge, présentant, au centre, un double écusson d'armoiries en applications de broderie d'argent et d'argent doré. XVIIIe siècle.

68 — Petit panneau en velours ciselé polychrome, à dessins de vases de fleurs, rubans et branchages sur fond crème. Époque Louis XVI.

69 — Lé de velours ciselé à ramages rouges, fleurs et rubans sur fond jaune. Époque Louis XVI.

70 à 72 — Lot d'aumônières. (Sera divisé.)

73 — Petit manteau en ancien velours orangé uni.

74 — Petit panneau d'ancien velours rouge, sur lequel sont appliquées quatre têtes de femmes, en ancienne tapisserie.

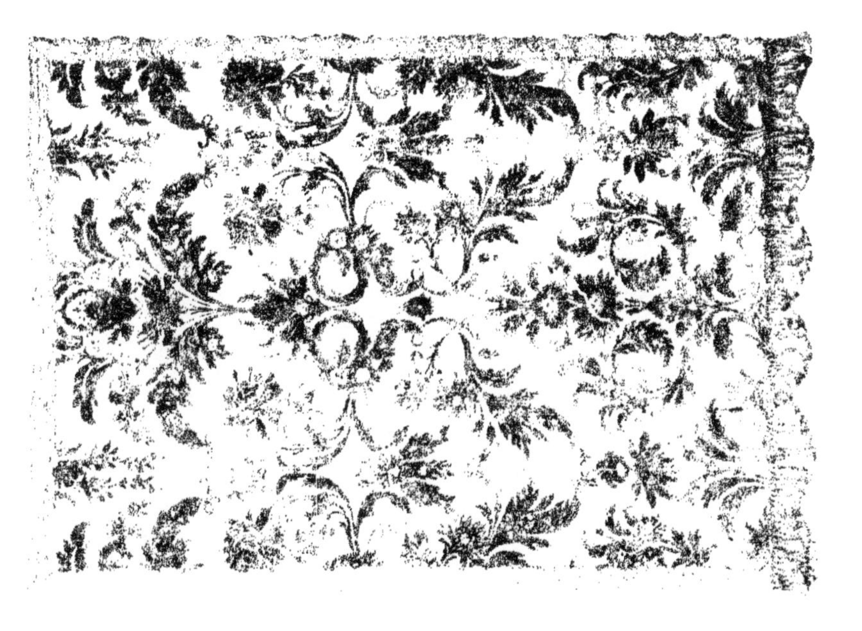

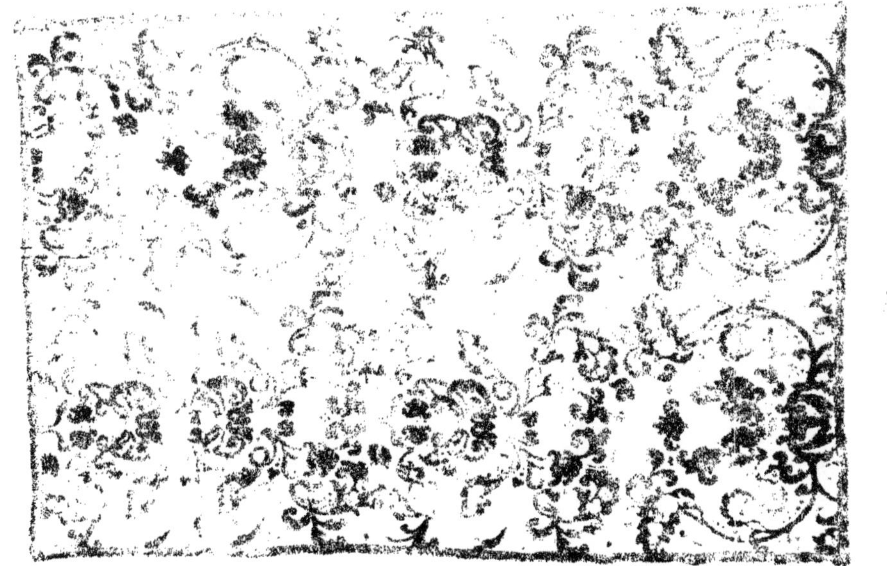

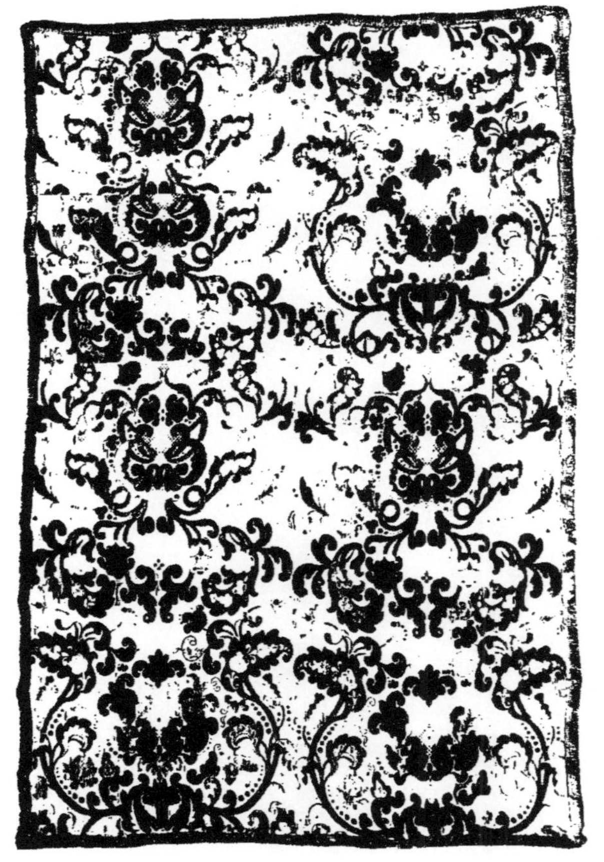

65

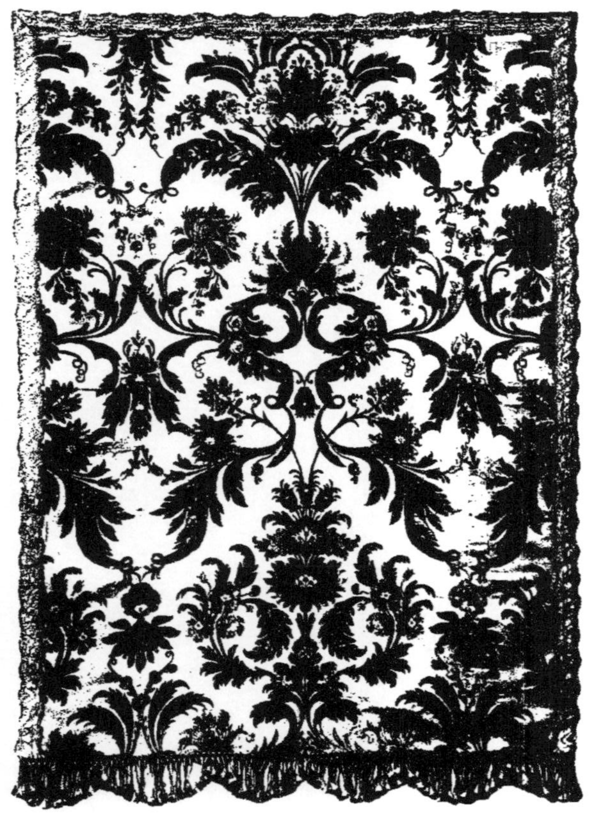

64

75 — Tapis en velours rouge avec applications de broderie de soie et d'argent à fleurs. Travail portugais.

76 — Tapis en velours vert uni.

77 — Petit tapis en velours rouge.

78 à 82 — Dix-sept fragments de velours variés. (Seront divisés.)

83 — Tunique orientale en velours rouge, avec broderie d'argent doré.

84 — Tunique orientale, à manches, en velours rouge avec broderie d'argent doré.

85 — Trois tuniques à manches en velours vert oriental.

ÉTOFFES VARIÉES

DENTELLES MÉTALLIQUES, GALONS, FRANGES

86 — Petit carré en brocatelle, présentant le sujet de la Nativité, deux fois répété. Travail de Cologne, xve siècle.

87 — Quatre carrés en broderie de soie de couleurs, d'argent et d'argent doré, présentant des bustes et des figures de saints personnages. Travail anglais (?), xvie siècle.

88 — Chasuble en damas blanc, ornée d'orfrois en broderie d'argent doré et de soie de couleurs, présentant des figures de saints, debout sous des arcades, avec le buste de Dieu le père à la partie supérieure. Travail anglais (?), du xvie siècle.

89 — Deux panneaux en brocart à fleurs et couronnes sur fond rouge, bordés, haut et bas, de satin rouge, avec applications à dessin de médaillons contenant des symboles avec inscription et date *1570*. xvie siècle.

90 — Chasuble en damas rouge, avec orfrois en broderie d'argent doré, d'argent et de soie de couleurs, à rinceaux, feuilles et fleurs, avec écusson d'armoiries appliqué à la partie inférieure. xvie siècle.

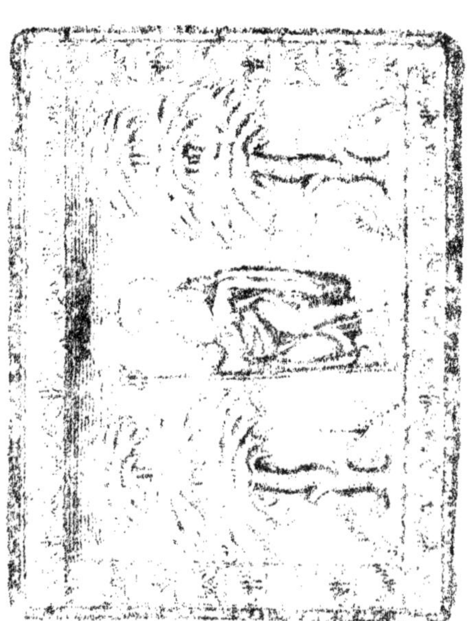

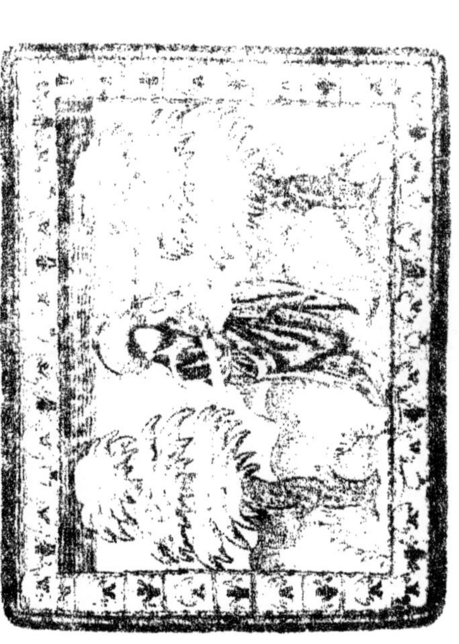

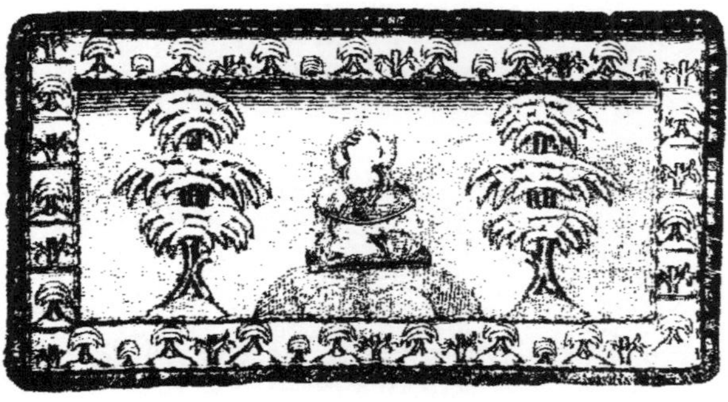

87

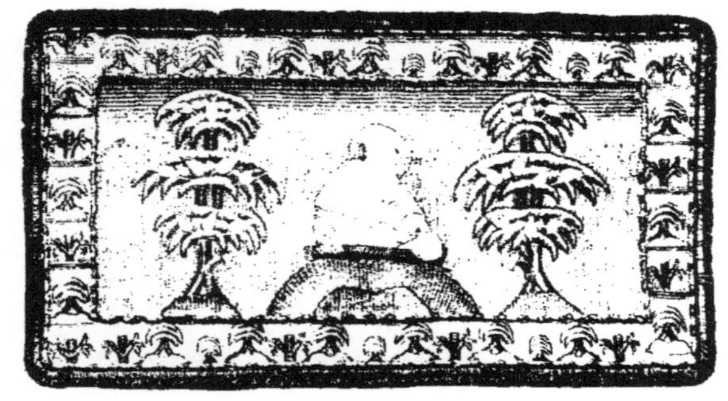

87

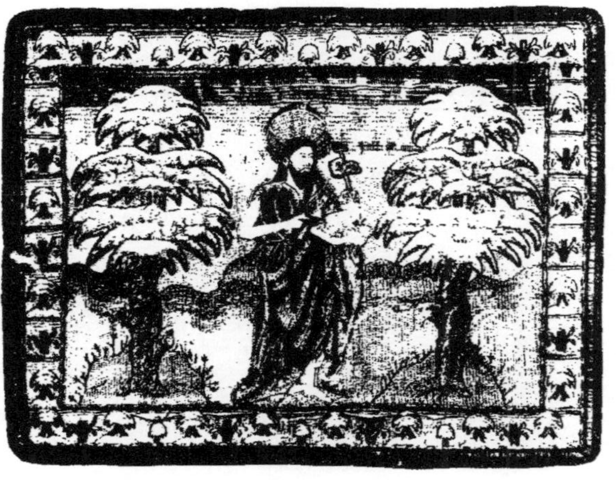

87

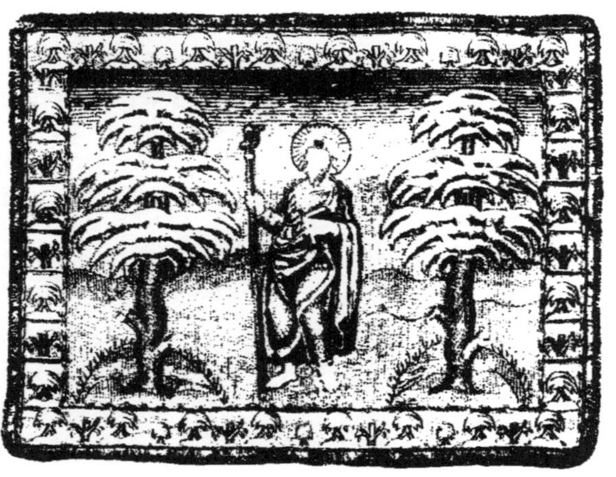

87

91 — Chasuble, étole et manipule en soie rose, avec broderie d'argent doré à rinceaux fleuris. xvie siècle.

92 — Petit panneau en brocart à fleurs sur fond lamé d'argent. xvie siècle.

93 — Petite bande en broderie sur coton, fond jaune, dessin d'amours et de dauphins. Italie. xvie siècle.

94 — Chasuble en moire rouge brodée d'argent, à dessin de rinceaux. xvie siècle.

95 — Manteau de Vierge en satin rouge avec orfrois en satin rouge, avec applications de rinceaux en argent et argent doré. xvie siècle.

96 — Bannière en soie rouge avec applications de broderie de soie de couleurs, d'argent et d'argent doré, à dessin de rinceaux fleuris, instruments de la Passion et mascarons de chérubins. Espagne. xvie siècle.

97 — Chasuble en lampas rouge et blanc, avec orfrois de travail italien du xvie siècle en velours vert avec applications à sujet saint.

98 — Chape en moire rouge, bordée de rinceaux en broderie d'argent. xvie siècle.

99 — Dalmatique en damas vert avec carré de velours vert bouclé d'argent doré. xvie siècle.

100 — Deux mors de chape en broderie de soie et d'argent doré, à sujet de médaillons contenant chacun une figure de sainteté et supportés par deux anges. Italie, XVIe siècle.

101 — Fragment de soie bleu pâle brochée, à dessin de rinceaux et oiseaux en gris. XVIe siècle.

102 — Encadrement en soie blanche avec applications de broderie polychrome à fleurs. Fin du XVIe siècle.

103 — Petit montant en satin vert brodé de soie et d'argent, présentant un vase de fleurs. Fin du XVIe siècle.

104 — Bande de dentelle d'argent et d'argent doré du XVIIe siècle appliquée sur fond de satin rouge.

105 — Bande formée de quatre fragments de galons en broderie de soie et d'argent doré. XVIIe siècle.

106 — Petit tapis en brocart d'argent doré et d'argent sur fond vert damassé ; bordure de frange d'argent doré. XVIIe siècle.

107 — Petit tapis en soie brochée et lamée d'argent à grosses fleurs sur fond crème ; bordure de galons de cuivre argenté. XVIIe siècle.

108 — Devant d'autel en soie blanche lamée d'argent, décoré d'une figure de sainte sous un portique avec vases de fleurs et pilastres de chaque côté, exécutés en perles de corail et broderie de soie et d'argent doré à gros relief. Italie, XVIIe siècle.

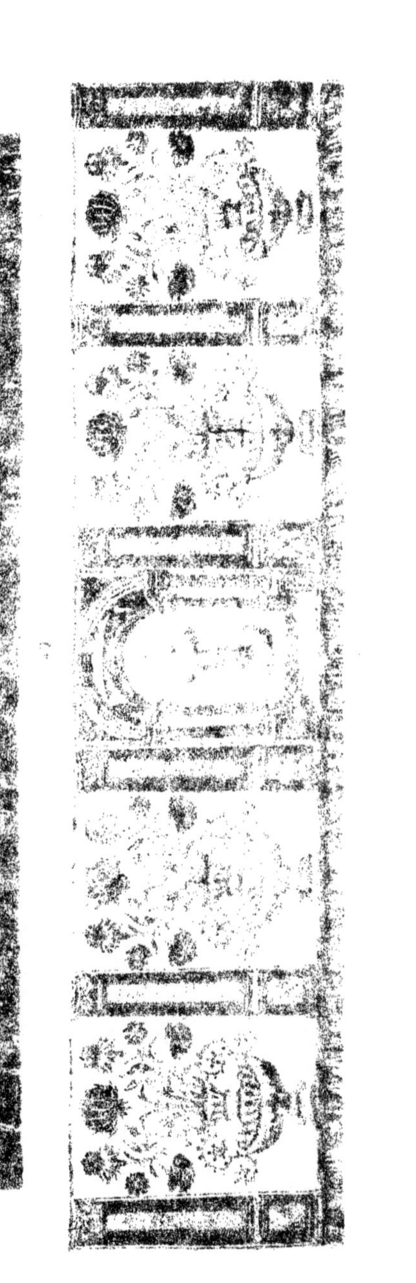

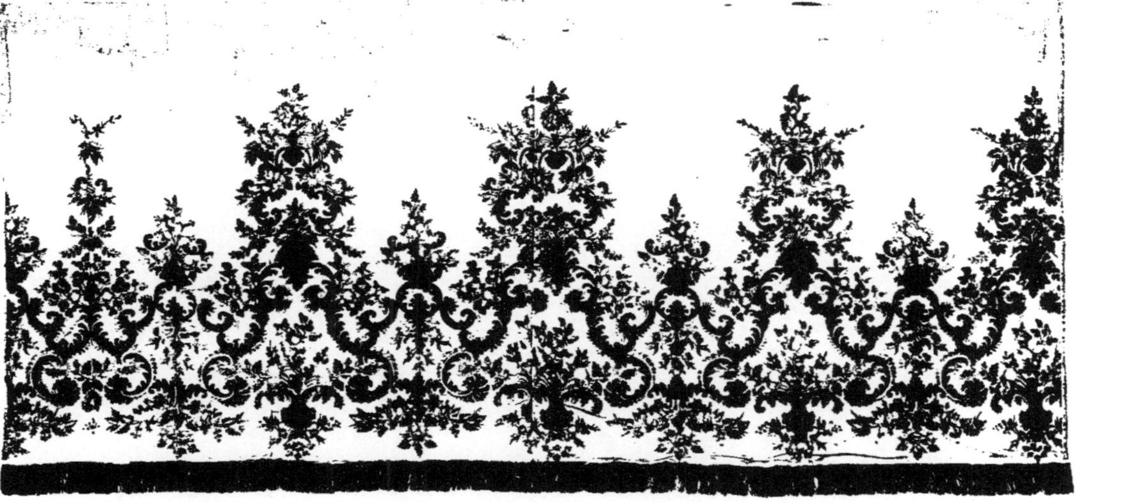

247

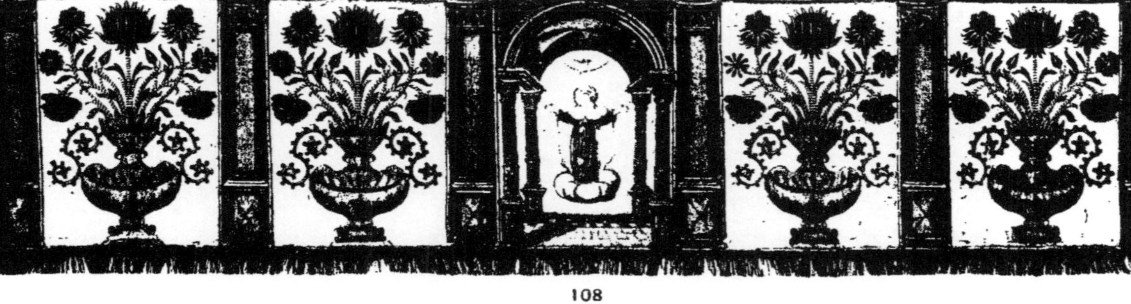

108

109 — Tapis en brocart à grosses fleurs, sur fond rouge. XVIIe siècle.

110 — Manteau de Vierge en soie blanche, brodée d'argent et de soie de couleurs au passé à grosses fleurs. XVIIe siècle.

111 — Jupe défaite en soie blanche brochée à fleurs. XVIIe siècle.

112 — Chasuble en soie jaune brodée d'argent et de soie de couleurs, à dessin de rinceaux fleuris. XVIIe siècle.

113 — Devant d'autel en brocart à fond rouge, à dessin de fleurs, insectes, agneau pascal, etc., avec les armes d'un prélat à la partie médiane ; bordure de frange à grille. XVIIe siècle.

114 — Chasuble en satin bleu broché d'argent et de soie de couleurs à fleurs. XVIIe siècle.

115 — Chape en soie bleue brochée à fleurs et lamée d'argent. XVIIe siècle.

116 — Tapis en satin bleu broché, argent doré et soie, avec partie chenillée, dessin de grosses fleurs. XVIIe siècle.

117 — Devant d'autel en satin crème broché à grosses fleurs, et lamé d'argent. XVIIe siècle.

118 — Chasuble en soie jaune brodée d'argent et de soie de couleurs, à fleurs, quadrillés et oiseaux. XVIIe siècle.

119 — Petit tapis en brocart à fleurs sur fond vert. XVIIe siècle.

120 — Chasuble en satin chaudron broché à fleurs et lamé d'argent. XVIIe siècle.

121 — Chape en brocart à grosses fleurs sur fond bleu. XVIIe siècle.

122 — Petit tapis en soie bleue brochée à fleurs et lamée d'argent. XVIIe siècle.

123 — Jupe défaite en soie jaune bordée d'un large volant de dentelle d'argent du XVIIe siècle.

124 — Tapis en soie rouge avec bordure de filet du XVIIe siècle.

125 — Chape défaite en soie blanche brochée, à fleurs. XVIIe siècle.

126 — Tapis en soie orangée avec applications de coton soutaché, à dessin de vases de fleurs. Italie, XVIIe siècle.

127 — Tapis en soie rouge bordé d'une large dentelle d'argent et d'argent doré du XVIIe siècle.

128 — Grand tapis en brocart à grands ramages sur fond bleu pâle damassé. XVIIe siècle.

129 — Devant d'autel en soie vieux rose, à dessin de fleurs lamées d'argent doré et d'argent. XVIIe siècle.

130 — Bande de soie rouge damassée et lamée d'argent à grosses fleurs. XVIIe siècle.

131 — Fond de lit en soie présentant un écusson d'armoiries, timbré d'une couronne. Espagne, XVIIe siècle.

132 — Devant d'autel en brocart à grands ramages lamés d'argent sur fond vieux rose damassé. XVIIe siècle.

133 — Tapis en brocart à grands ramages sur fond lamé d'argent et d'argent doré. XVIIe siècle.

134 — Panneau en soie blanche avec applications de broderie d'argent doré, à dessin de rinceaux et de fleurs. XVIIe siècle.

135 — Grand panneau en damas vert à grands ramages, du XVIIe siècle.

136 — Tapis en soie blanche brochée à fleurs, oiseaux et fruits. XVIIe siècle.

137 — Tapis en satin jaune broché à fleurs. XVIIe siècle.

138 — Devant d'autel en soie blanche à dessin de grands rinceaux en applications de broderie d'argent doré. XVIIe siècle.

139 — Grand tapis en soie jaune damassée et brochée à fleurs lamées d'argent. XVIIe siècle.

140 — Chasuble en deux parties en damas blanc broché à fleurs et lamé d'argent doré. XVIIe siècle.

141 — Tapis de lutrin en brocart, à grands ramages sur fond blanc damassé. xviie siècle.

142 — Grand panneau de damas vert, à grands ramages. xviie siècle.

143 — Tapis en brocart, à grands ramages sur fond lamé d'argent. xviie siècle.

144 — Petit tapis en brocart, à grands ramages lamés d'argent sur fond vieux rose damassé. xviie siècle.

145 — Chape en soie grise avec applications de motifs en paillettes métalliques. xviie siècle.

146 — Médaillon rond en broderie de soie de couleurs : l'Annonciation. xviie siècle.

147 — Chape en brocart, à grosses fleurs sur fond vert, avec chaperon et bordure de soie blanche damassée et brochée à fleurs. xviie siècle.

148 — Panneau en brocatelle, à fond rouge, bordé de satin vert avec applications à ramages roses. xviie siècle.

149 — Tapis en satin jaune broché à fleurs, avec bordure de satin vieux rose broché. xviie siècle.

150 — Petit tapis en damas vert, bordé, de chaque côté, de soie brochée, à fleurs. xviie siècle.

151 — Chasuble en soie brochée, à grosses fleurs sur fond crème. xviie siècle.

152 — Chasuble et manipule en soie blanche lamée d'argent, avec applications de rinceaux exécutés en perles de corail et paillettes métalliques. Italie, XVIIe siècle.

153 — Dalmatique en damas rouge avec carré de brocatelle à ramages verts sur fond jaune. Italie, XVIIe siècle.

154 — Chape en satin orangé avec large bordure de dentelle d'argent et d'argent doré. XVIIe siècle.

155 — Bannière en soie blanche brodée d'argent et de soie à gros reliefs, présentant, au centre, la Vierge et l'Enfant Jésus et, alentour, des rinceaux fleuris. Espagne, XVIIe siècle.

156 — Chasuble en soie verte brochée à fleurs et lamée d'argent. XVIIe siècle.

157 — Petit panneau en damas bleu clair avec applications de broderie de soie et d'argent, présentant un écusson d'armoiries, timbré d'une couronne fermée, dans un large cartouche. XVIIe siècle.

158 — Tapis en satin vert lamé d'argent, à grands ramages. XVIIe siècle.

159 — Dalmatique en brocart à grands ramages, sur fonds blanc et vert. XVIIe siècle.

160 — Chape et large bande en brocart à grosses fleurs, sur fond vieux rose damassé. XVIIe siècle.

161 — Chasuble en soie rouge avec applications de broderie de soie et d'argent doré, à dessin de fleurs, fruits et oiseaux. XVIIe siècle.

162 — Chasuble en brocart à ramages de fleurs et kiosques sur fond vieux rose damassé. XVIIe siècle.

163 — Quatre carrés et trois petites bandes en satin jaune avec applications de velours rouge, à dessin de rinceaux, rosaces, vases et monogrammes. XVIIe siècle.

164 — Chasuble en brocart à dessin de vases et motifs variés lamés d'argent sur fond rouge damassé. XVIIe siècle.

165 — Dalmatique en brocart à grands ramages sur fond bleu. XVIIe siècle.

166 — Petit tapis en soie brochée à fleurs et feuilles. XVIIe siècle.

167 — Petit tapis en satin bleu pâle broché à fleurs lamées d'argent doré. XVIIe siècle.

168 — Chasuble coupée en brocart à fleurs sur fond crème. XVIIe siècle.

169 — Partie de chasuble en brocart à fleurs sur fond vert. XVIIe siècle.

170 — Chasuble défaite en brocart à fleurs sur fond vert. XVIIe siècle.

171 — Panneau en damas vert à grands ramages, du XVIIe siècle.

172 — Napperon en soie vieux rose avec bordure et dents de guipure, du XVIIe siècle.

173 — Tapis en satin rouge avec applications et soutache, à dessin de rinceaux, du XVIIe siècle.

174 — Fragment en satin bleu avec applications de petits motifs en broderie d'argent. XVIIe siècle.

175 — Deux petits carrés en coton brodé de soie violette et d'argent doré à fleurs symétriques. XVIIe siècle.

176 — Tapis en damas bleu avec bordure de broderie de soie bleue, rouge, verte et d'argent doré, à dessin de personnages avec légendes en italien. XVIIe siècle.

177 — Tapis en satin bleu avec applications de broderie en chenille et de paillettes ; bordure de dentelle d'argent doré. XVIIe siècle.

178 — Tapis en soie rose avec bordure de dentelle d'argent doré. XVIIe siècle.

179 — Corsage et jupe en moire rouge avec applications de dentelle d'argent. XVIIe siècle.

180 — Petit tapis en soie blanche, bordé, de deux côtés, de dentelle d'argent doré. XVIIe siècle.

181 — Deux parties de costumes d'enfants, en soie blanche brodée à fleurs et soutachée. XVIIe siècle.

182 — Petit tapis en soie brochée à fleurs avec bordure de galons de métal. xviie siècle.

183 — Petit tapis triangulaire en soie verte avec applications d'argent. xviie siècle.

184 — Fragment en soie violette brochée à grands ramages avec galons de métal. xviie siècle.

185 — Fragment de chasuble en soie verte brochée, à fleurs. xviie siècle.

186 — Bande en brocart à fleurs sur fond vieux rose. xviie siècle.

187 — Deux bandes en moire jaune, brochée à fleurs. xviie siècle.

188 — Deux fragments de soie blanche, lamée d'argent doré à fleurs. xviie siècle.

189 — Petit panneau en damas rouge, lamé d'argent et d'argent doré à grands ramages. Travail italien pour l'Orient, du xviie siècle.

190 — Dalmatique en soie vieux rose, lamée d'argent avec écusson d'armoiries en applications, timbré d'une couronne fermée. xviiie siècle.

191 — Robe et jupe en soie verte brochée à fleurs, du xviiie siècle.

192 — Grand tapis en soie blanche brochée à grosses fleurs. xviiie siècle.

193 — Grand tapis en brocart à dessin d'arbustes et de branchages enrubannés, lamés d'argent sur fond jaune, lamé d'argent doré. XVIIIe siècle.

194 — Chape en soie blanche lamée d'argent et brochée à bouquets de fleurs. XVIIIe siècle.

195 — Veste en broderie d'argent et de soie de couleurs à fleurs, du XVIIIe siècle.

196 — Tapis en satin bleu broché à grandes fleurs et à entrelacs réguliers lamés d'argent. XVIIIe siècle.

197 — Petit tapis en soie bleu pâle, à dessin de branches fleuries. XVIIIe siècle.

198 — Chasuble défaite en brocart à grosses fleurs, sur fond bleu damassé. XVIIIe siècle.

199 — Cinq morceaux de soie blanche brochée à fleurs et lamée d'argent doré. XVIIIe siècle.

200 — Petit tapis en soie crème brochée à fleurs, du XVIIIe siècle.

201 — Chasuble en soie brochée à fleurs sur fond vert avec galons de soie rose, à dessin de fleurs en applications de broderie d'argent et paillettes. XVIIIe siècle.

202 — Tapis en soie bleue à dessin de fleurs, lamée d'argent et d'argent doré. XVIIIe siècle.

203 — Panneau en lampas à ramages blancs sur fond bleu. XVIIIe siècle.

204 — Tapis en satin bleu pâle avec large bordure de dentelle d'argent, du XVIIIe siècle.

205 — Tapis en soie brochée à fleurs, motifs d'architecture et rayons du soleil sur fond vert. XVIIIe siècle.

206 — Panneau en lampas à ramages blancs sur fond vert. XVIIIe siècle.

207 — Tapis en soie rouge damassée et brochée, à fleurs, vases et colonnettes en soie de couleurs et d'argent doré. XVIIIe siècle.

208 — Petit tapis en satin vieux rose, à dessin de fleurettes lamées d'argent. XVIIIe siécle.

209 — Manteau de Vierge en brocart, à grands ramages d'argent et d'argent doré, sur fond bleu damassé. XVIIIe siècle.

210 — Semainier en broderie de soie de couleurs avec applications de broderie d'argent et d'argent doré à fleurs. XVIIIe siècle.

211 — Petit tapis en brocart, à fleurs lamées d'argent sur fond vert damassé. XVIIIe siècle.

212 — Chape en drap d'argent, à grands ramages. XVIIIe siècle.

213 — Robe d'enfant en soie jaune, du XVIIIe siècle.

214 — Jupe défaite en soie brochée, è grands ramages sur fond vert. XVIIIe siècle.

215 — Chape en soie brochée et lamée d'argent, à grands ramages sur fond vert. XVIIIe siècle.

216 — Panneau en soie brochée, à grands ramages sur fond à carrelages. XVIIIe siècle.

217 — Tapis en satin jaune broché à grosses fleurs, lamées d'argent. XVIIIe siècle.

218 — Petit tablier en damas jaune, bordé de dentelle de métal et de guipure. XVIIIe siècle.

219 — Partie de chasuble en brocart, à fleurs chenillées sur fond bleu pâle. XVIIIe siècle.

220 — Fragment de brocart, à fleurs sur fond rouge velouté. XVIIIe siècle.

221 — Chasuble en damas rouge, avec bordure de damas blanc brodé à fleurs en soie et argent doré, avec double écusson d'armoiries à la partie inférieure. XVIIIe siècle.

222 — Petite bande en soie vieux rose, avec applications de broderie au point de chainette à fleurs. XVIIIe siècle.

223 — Pièce de costume en soie bleue et dentelle métallique. XVIIIe siècle.

224 — Cinq fragments de satin brodé en soie de couleurs et argent doré, à fleurs symétriques. XVIIIe siècle.

225 — Petit manteau en soie blanche brodée de soie et d'argent, présentant une pièce d'eau, des paons et des branches fleuries. XVIIIe siècle.

226 — Robe d'enfant en coton et satin crème brodé à fleurs. XVIIIe siècle.

227 — Deux bandes de satin blanc broché et lamé d'argent à fleurs. XVIIIe siècle.

228 — Devant d'autel en moire blanche brodée d'argent doré. XVIIIe siècle.

229 — Petite bande en brocart, à fleurs, sur fond lamé d'argent doré. XVIIIe siècle.

230 — Quatre larges bandes en broderie de soie de couleurs et tapisserie au petit point, à dessin de personnages sur fond blanc carrelé. Travail anglais. Fin du XVIIIe siècle.

231 — Grand tapis en soie crème brochée à fleurs et lamée d'argent doré. Époque Régence.

232 — Tapis en brocart à fleurs, quadrillés et imbrications sur fond bleu clair damassé. Époque Régence.

233 — Deux dalmatiques en soie vieux rose à dessin de rinceaux et quadrillages en broderie d'argent. Époque Régence.

234 — Chape en soie blanche à dessin d'étoiles, en applications de broderie d'argent. Époque Régence.

235 — Sept fragments en moire, à dessin crème sur fond bleu pâle. Époque Régence.

236 — Bas de jupe en soie blanche brodée d'argent doré. Époque Régence.

237 — Dessus de lit en soie gorge de pigeon, brochée à fleurs, avec bordure, sur trois côtés, de satin bleu broché à ramages blancs. Époque Louis XV.

238 — Tapis en satin jaune broché à fleurs ; bordure verte à fleurs en blanc. Époque Louis XV.

239 — Devant d'autel en soie verte brochée à fleurs et lamée d'argent. Époque Louis XV.

240 — Panneau en satin vert broché et lamé d'argent, à dessin de cascades, arbustes et oiseaux. Époque Louis XV.

241 — Jupe défaite en brocart à rayures et fleurettes sur fond lamé d'argent. Époque Louis XV.

242 — Tapis en soie vieux rose brochée à fleurs et lamée d'argent. Époque Louis XV.

243 — Panneau en brocart à grands ramages de bouquets de fleurs sur fond bleu. Époque Louis XV.

244 — Petit tapis en satin crème broché à fleurs, du temps de Louis XV.

245 — Grand panneau en satin rouge broché à ramages blancs de vases de fleurs, personnages, corbeilles, etc. Époque Louis XV.

246 — Grand tapis en soie vieux rose brochée à fleurs et lamée d'argent. Époque Louis XV.

247 — Devant d'autel en soie blanche avec broderie de soie de couleurs et d'argent, à dessin de rinceaux fleuris. Époque Louis XV.

248 — Fragment de soie brochée à fleurs, du temps de Louis XV.

249 — Fragment en soie blanche brochée à fleurs en soie et argent. Époque Louis XV.

250 — Robe en soie rayée et brochée à fleurs sur fond blanc. Époque Louis XVI.

251 — Jupe défaite en moire blanche rayée et brochée à fleurs. Époque Louis XVI.

252 — Jupe défaite en satin prune et satin bleu brodés, à dessin de fleurettes et branches fleuries, avec paillettes. Époque Louis XVI.

253 — Jupe défaite en satin rayé rouge et blanc et broché à fleurs. Époque Louis XVI.

254 — Fragment de forme ronde en soie brodée au point de chaînette et avec paillettes, dessin de fleurs. Époque Louis XVI.

255 — Grand panneau en damas rouge à grands ramages; bordure de galons de satin vert broché à ramages blancs. Commencement du XIXe siècle.

256 — Robe et jupe en satin vert broché à ramages jaunes. Commencement du XIXe siècle.

257 — Deux écussons d'armoiries, timbrés d'une couronne de duc en broderie de soie, d'argent et d'argent doré. XVIIe siècle.

258 à 262 — Lot d'écussons d'armoiries. (Sera divisé.)

263 — Napperon en mousseline bordé de broderie de soie rouge sur coton, à dessin de personnages, vases, anges, agneau pascal, etc. Ancien travail de Sicile.

264 — Lot de fragments d'ancien damas rouge à grands ramages.

265 — Trois morceaux d'ancien damas vert.

266-267 — Lot de fragments de velours et d'étoffes variées. (Sera divisé.)

268-269 — Sept gilets variés. (Seront divisés.)

270 — Mitre en satin blanc brodé d'argent doré.

271 — Napperon en soie verte, bordé de passementerie.

272 — Petit carré en coton partiellement brodé, à dessin d'arbustes, tables, instruments de la Passion, etc.

273 à 289 — Trente-cinq petits tapis variés. (Seront divisés.)

290 à 298 — Neuf pièces, sacs ou vide-poches variés. (Seront divisées.)

299 — Petit tapis en soie vieux rose brodée à fleurs, en soies verte et blanche et argent. Travail oriental.

300 — Tunique en coton brodé de soie blanche. Travail oriental.

301 — Grande écharpe en coton brodé sur sa bordure. Travail oriental.

302 — Petit carré oriental en coton brodé à motifs réguliers et arabesques.

303 — Petite bande et petit morceau en coton brodé à feuilles, fleurs et animaux stylisés. Travail oriental.

304 — Panneau en coton brodé à grands motifs polychromes. Travail oriental.

305 — Petit tapis oriental en coton brodé de soie et de métal, à dessin de disques sur la bordure.

306 — Petit carré en broderie orientale à fleurs dans des bandes juxtaposées.

307 — Petit tapis en coton brodé en soie rouge et argent doré, à dessin de croix. Travail oriental.

308 — Écharpe orientale en coton brodé à ses extrémités en soie de couleurs et argent doré.

309 — Étole en satin rouge avec broderie de soie et d'argent, à figures de saints au milieu de rinceaux. Travail gréco-russe.

310 — Tunique chinoise en satin prune brodé.

311 — Deux sacs en soie brodée chinoise.

312 — Petit panneau en peluche et broderie chinoises.

313 — Bandeau en soie bleue et satin blanc brodés, de travail chinois.

314 — Panneau chinois en satin prune brodé.

315 — Longue bande de dentelle d'argent, du XVIIe siècle, montée sur soie rouge.

316 — Longue bande de dentelle d'argent à quadrillés, du XVIIe siècle, montée sur satin rose.

317 à 330 — Fort lot de dentelles métalliques. (Sera divisé.)

331 à 340 — Fort lot de galons métalliques. (Sera divisé.)

341 à 350 — Lot de franges. (Sera divisé.)

351 à 355 — Lot de galons de soie. (Sera divisé.)

356 à 360 — Lot de glands. (Sera divisé.)

www.ingramcontent.com/pod-product-compliance
Ingram Content Group UK Ltd.
Pitfield, Milton Keynes, MK11 3LW, UK
UKHW020450180726
13839UKWH00004B/1736

9 782329 539867